나의 특별한 호위대,
레옹스와 이즈마엘에게
E. D.

나의 세상에서 가장 크고 뛰어난 두 사람,
시몽과 조제핀에게
A. V.

*Il est une tradition...*
by Elsa Delachair & Alex Viougeas
© 2020 La Martinière Jeunesse, une marque des Éditions de La Martinière,
57 rue Gaston Tessier, 75019 Paris, France.
Korean Translation Copyright © Esoop Publishing Co., 2022
All rights reserved.

This Korean edition was published by arrangement with EDLM (Paris) through
Bestun Korea Agency Co., (Seoul).

이 책의 한국어판 저작권은 베스툰코리아 에이전시를 통해 이루어진 저작권자와의 독점계약으로 이숲에 있습니다.
저작권법에 의해 한국 내에서 보호를 받는 저작물이므로 무단전재와 무단복제를 금합니다.

**세상의 모든 전통** 1판 1쇄 발행일 2022년 9월 15일 | 2쇄 발행일 2023년 10월 1일 **글** 엘자 들라셰르 **그림** 알렉스 비우자스 **옮긴이** 김헤니
**펴낸이** 김문영 **펴낸곳** 이숲 **등록** 2008년 3월 28일 제406-3010000251002008000086 **주소** 경기도 파주시 책향기로 320, 2-206 **전화** 02-2235-5580
**팩스** 02-6442-5581 **홈페이지** www.esoope.com **이메일** esoope@naver.com **ISBN** 979-11-91131-38-3 77900 ⓒ 이숲, 2022, printed in Korea.

엘자 들라셰르
글

알렉스 비우자스
그림

# 세상의
# 모든 전통

—

유네스코가 선정한
세계 각국의 60가지 무형문화재

김혜니 옮김

아숲아이

# 세상의 아름다움을
# 잊지 않기 위해…

—

튀르키예 중심부의 산맥에서 아이들이 부는 휘파람 소리를 들어보세요.
조개를 찾아 장비 없이 잠수하는 한국의 해녀들을 보세요.
잠비아 민족은 타악기 소리에 무아지경으로 빠져듭니다.
지구 곳곳에 사는 모든 사람은 자신만의 방법으로
먹고, 춤추고, 노래하고, 즐기고, 말하고,
그림을 그리고, 글을 쓰며, 스스로를 돌봅니다.
이제, 위대한 여행이 시작됩니다.
자신의 공동체 안에서 살아가는 정말 아름다운 모든 다양한 삶의 방식을
찾아가 볼 거예요. 우리는 이것을 전통이라고 부르죠.
유네스코는 전통을 분류하고 보호해 왔습니다.
여러 무형문화재가 방치된 채 소멸 위기에 처해 있기 때문입니다.
시처럼 아름답고 독특하며 우리에게 잘 알려지지 않은
유네스코의 무형문화재들은 유일무이한 것들로,
아주 먼 옛날부터 사람들의 이야기를 들려주고 있습니다.*

—

유네스코 무형문화재 목록은 이곳에서 참조할 수 있습니다 : https://ich.unesco.org/fr/listes
이 사이트는 128개 국가에 등록된 492개의 관습을 연도별로 분류해 모아두었습니다.

# 북춤

**부룬디** BURUNDI

북춤은 부룬디의 전통입니다. 부룬디에서 사람들은 조상들을 깨우고 악령들을 쫓아내기 위해 북을 연주합니다. 이 북은 소가죽으로 만들어졌어요. 북을 치는 사람들은 국가를 대표하는 빨간색, 초록색, 흰색으로 된 옷을 입습니다. 모두 두 개의 막대기를 들고 자신의 역할에 따라 연주하며 십여 명의 남자들이 중심 연주자를 둥글게 둘러쌉니다. 왼쪽에 있는 사람들은 북을 쳐서 연속적인 리듬을 만들고, 오른쪽 사람들은 지휘자의 박자를 따라갑니다. 연주자들은 차례차례 가운데로 모여들면서 노래를 곁들이기도 하고 군무를 하기도 해요. 이 의식은 오래전 왕실의 안뜰에서 국가의 힘을 기념하기 위해 만들어졌답니다. 장엄하고 아름다운 순간이에요.

# 올론호

### 러시아 RUSSIE

올론호*(Olonkho)*는 러시아 야쿠트(iakoute)족이 사는 시베리아 동쪽의 전통입니다. 올론호는 반주 없이 노래하는 낭송 시로, 즉 음악을 연주하는 악기가 필요 없는 서정시입니다.

듣는 사람에게 숨 돌릴 틈을 주지 않아야 하므로 올론호를 부르는 가수는 연기하는 재능과 즉흥적으로 음을 지어낼 줄 아는 능력이 있어야 합니다. 또 이들은 뛰어난 기억력을 가지고 있는데, 올론호가 매우 긴 서사시이기 때문이지요. 올론호는 전쟁과 신들에 대한 전설을 이야기하지만, 죽은 자들과 동물들의 영혼을 기리는 역할도 합니다.

오래전에 올론호는 가족끼리 모여 기분을 전환하는 한 방법이었어요. 오늘날에도 역시 세계에서 가장 춥고 적대적인 지역에서 살아가는 야쿠트인의 힘든 삶을 이야기할 때 사용하고 있습니다.

# 사우나

**에스토니아** ESTONIE

사우나는 에스토니아 남부의 전통입니다. 한 주가 끝나고 나면 숲이 우거진 지대에 사는 버로(võro)족들은 사우나에서 목욕합니다. 사우나는 몸에서 땀이 나게 하기 위해 난로로 온도를 높인 나무 오두막이에요. 문과 창문은 닫아둔 채, 바닥에 매우 뜨거운 돌을 깔고 물을 주기적으로 부어 증기를 만들어 냅니다. 이렇게 온도를 더 높이고 증기를 새로 바꿔요. 그다음에 열기로 가득해진 사우나의 작은 벤치에 누워서 쉽니다. 옆 사람의 등을 때리고 문질러 몸속의 혈액을 순환시키고 때를 닦아내기도 합니다. 몸이 깨끗해지면, 바깥으로 나가서 맑은 물로 몸을 헹구고 식힙니다. 나무 오두막에 갈 땐 종종 가족끼리 모입니다. 사우나는 몸과 마음을 달래주는 활동이에요. 모두를 위한 치유의 시간입니다.

# 시탈 파티

**방글라데시** BANGLADESH

*시탈 파티(shital pati)*는 방글라데시 실렛(Sylhet) 지역의 전통입니다. 인도 국경에서 멀지 않은 이곳에서는 항상 같은 방식으로 돗자리를 짜왔는데 이것을 시탈 파티라고 불러요. 시탈 파티는 처음부터 끝까지 수작업으로 만듭니다. 실렛의 가족들은 다 함께 거대한 녹색 줄기를 가진 식물인 무르타(murta)를 찾으러 떠나요. 무르타를 찾으면 가는 끈 형태로 만들기 위해 큰 칼로 자른 뒤 말립니다. 그다음 쌀과 자두 잎 반죽으로 만든 도료를 준비한 뒤, 이 혼합물에 줄기를 담가서 염색합니다.

남녀 모두 함께 무르타를 땋아서 다양한 색깔과 무늬로 가득한 돗자리를 만들 수 있어요. 이 돗자리는 바닥에 앉을 때, 기도할 때, 또는 침대 위에 깔아서 덮개로 사용합니다. 제작부터 사용에 이르기까지 시탈 파티는 가족적인 문화입니다.

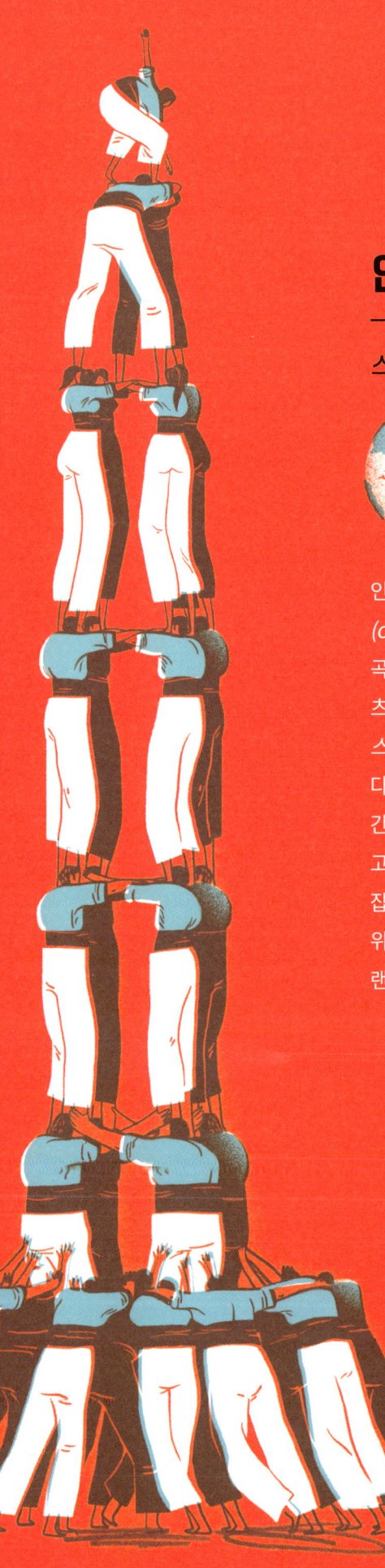

## 인간 탑 쌓기

스페인 ESPAGNE

인간 탑 쌓기는 스페인 카탈루냐 광장의 전통입니다. 사람들은 '카스텔(castells)'이라고 부르는 인간 탑을 가장 높이, 아름답게 쌓으려고 차곡차곡 탑을 쌓으며 기어오릅니다. 각 참가자는 자신의 팀을 나타내는 색의 셔츠를 입고 허리에는 넓은 검은색 띠를 두릅니다. 탑을 쌓는 사람 카스텔레스(castellers)는 먼저 맨발로 음악에 맞추어 널찍한 탑의 토대를 만듭니다. 가장 건강한 남자들이 탑의 초석을 다지고 나면, 그들의 어깨 위로 중간 체격의 사람들이 올라가요. 탑 쌓기는 계속되고 꼭대기에는 가장 가볍고 민첩한 아이들이 오릅니다. 카스텔은 10층까지 세울 수 있으며 매우 복잡한 구조로 만들 수도 있어요.

위험하고 까다로운 탑 쌓기의 불안정한 균형을 유지하는 데 성공하려면 오랜 시간의 훈련이 필요합니다.

# 레게

## 자메이카 JAMAÏQUE

독특한 음악 장르인 레게는 자메이카 킹스턴의 빈민가에서 태어났습니다. 1950년대에 사람들은 라디오를 통해 카리브해와 미국의 다양한 음악을 들었어요. 그 음악들의 고유한 영향들이 섞이면서, 킹스턴의 음악가들은 특유의 리듬을 강조해 접하기 쉬운 레게를 만들어냈습니다. 처음에는 '스카(ska)'라고 불렸는데, 거리의 사람들은 이 새로운 음악에 맞춰 춤을 추러 왔어요. 자메이카가 독립국이 된 것과 같은 시기에 자메이카 사람들을 위한 자유의 바람이 불어온 것이죠. 몇 년 사이에 곡들의 리듬이 점점 느려지면서 스카는 록 스테디가 되고, 그다음엔 레게가 됐습니다.

오늘날 레게는 아주 유명하고 또 많은 사람에게 영향을 준 장르에요. 특히 밥 말리(Bob Marley) 같은 음악가로 인해 전 세계적으로 사랑받고 인정받는 레게는 오늘날까지도 그 뿌리가 서인도 제도의 작은 섬 자메이카에 있다는 것을 잊지 않고 있는, 사회 참여적 음악 장르입니다.

# 소달구지

**코스타리카** COSTA RICA

코스타리카의 전통인 소달구지는 수확한 커피를 바다까지 운송하기 위해 만들어졌어요. 계곡에서 재배된 커피는 태평양 연안의 푼타레나스(Puntarenas)까지 옮겨집니다. 그 길은 장장 2주가 걸리는 여정으로 무척 길고 산이 많은 구불구불한 진흙투성이입니다. 그리하여 약 2세기 전 사람들은 '*카레타(carretas)*'라고 불리는 수레, 소달구지를 발명했습니다. 카레타의 특별한 바퀴에는 바큇살이 없고 전체 면이 나무로 돼 있어 진흙 속에 빠지지 않습니다.

사람들은 서로의 수레를 구별하려고 각자의 카레타를 원형 모양, 꽃문양이나 얼굴 등의 무늬를 그려 자신만의 색깔로 칠했어요. 각 카레타의 바퀴에 달린 쇠고리도 수레의 나무를 치면서 자신만의 음악을 연주합니다. 힘든 여정이 아름다운 전통으로 다시 태어났습니다.

# 제주도의 해녀

**대한민국** CORÉE

이것은 한국 여성에게 전해 내려오는 전통이에요. 제주도의 여성들은 조개류를 채취하기 위해 바닷속으로 잠수합니다. 제주는 수많은 해양자원을 가진 아름다운 화산 섬이에요. 이 잠수부들을 해녀라고 부른답니다. 최고령 80대에 이르기도 하는 전 연령대의 여성들이 물 밖으로 나오지 않고 숨을 참으면서 바닷속 10미터 깊이까지 잠수해 해산물을 땁니다. 해녀들은 수압과 추위에 맞서며 살아왔기 때문에 매우 건강하고, 오랜 시간 숨을 참는 법을 알고 있으며 하루 최대 7시간까지 물질을 합니다. 다시 수면 위로 떠오를 때 해녀들은 휘파람 소리를 내어 동료 해녀들에게 알리죠.

해녀들은 어린 시절부터 해산물을 채취하는 법을 배우고 이 채취법은 여러 세대에 걸쳐 여성에게서 여성에게로 전승됩니다. 해녀들은 실력에 따라 세 집단으로 나누어져요. 해녀들은 바다의 여신인 용왕 할머니에게 풍요와 안전을 기원하며 잠수 굿을 지냅니다. 제주도에서 해녀들은 가족의 가장인 경우가 많기 때문에 나이 든 여성 잠수부는 사람들의 존경을 받습니다.

## 이바 채집

**보스니아 헤르체고비나**
BOSNIE-HERZÉGOVINE

이바(Iva, 허브의 일종) 채집은 보스니아 헤르체고비나에 있는 오즈렌(Ozren) 산에서 행해지는 전통입니다. 매년 9월 11일 사람들은 이바 풀을 채집합니다. 이날은 이 산 근처에 살았던 세례 요한이 순교한 날이에요. 정교회 신자들에게 세례 요한은 중요한 성인입니다. 그를 기리기 위해 온 마을 사람들이 나이와 상관없이 모여 작은 무리를 지어 오랜 시간 이바 풀을 찾아 산을 오릅니다. 키가 작은 녹색 이바 풀은 때로 꽃을 피우기도 해요. 햇볕에 웃자란 마른 풀들 사이에 숨어 있어서 찾기가 쉽지 않아요. 찾았다면 뿌리까지 뽑히지 않게 조심해서 잘라내야 합니다. 이바 풀은 차로 우려내거나 술을 담가 질병을 치료하기 위해 사용하는데 죽은 사람도 살려냈다는 이야기가 전해져 내려옵니다. 채집이 끝나고 나면 마을 전체가 고스틸리(Gostilj) 정상에 올라가요. 사제들이 이바 풀에 축복 기도를 하면 마을 사람들은 전통의상을 입고 노래하고 춤추며 함께 식사합니다.

# 죽은 사람들의 날 기념일

 멕시코 MEXIQUE

죽은 사람들의 날은 멕시코의 전통입니다. 옥수수 추수가 끝난 가을의 한가운데 온 나라가 죽은 사람들을 추모합니다. 이날을 '죽은 자들의 날'이라는 뜻의 '엘 디아 데 로스 무에르토스(*el Día de los Muertos*)'라고 불러요. 살아 있는 사람들이 잠시나마 죽은 사람들과 같이 시간을 보내기 위해 이 땅으로 초대하는 날로, 형형색색의 꽃을 장식하며 지내는 매우 유쾌한 축일이에요. 꽃과 촛불로 정성껏 장식한 길이 죽은 사람들의 영혼을 공동묘지의 무덤에서부터 사람들이 사는 집까지 인도해요. 가정에서는 제단을 만들어 그가 좋아했던 음식과 물건들을 올려놓습니다. 모두가 죽은 친족들을 잘 대접하기 위해 최선을 다하는데 그렇게 하지 않으면 그들이 다시 돌아와서 주변 사람들을 괴롭힐 거라 믿기 때문이에요. 반대로 죽은 이들의 기억을 추모한다면 살아 있는 사람들이 그들에게 도움을 구할 수 있을 거라고 믿죠. 사람들은 죽음을 두려워하지 않기 위해 잔치를 엽니다. 죽음도 삶을 매혹시키기 때문이에요.

# 아식 놀이

### 카자흐스탄, 몽골 KAZAKHSTAN, MONGOLIE

아식 놀이는 러시아와 중국 사이에 있는 거대한 나라 카자흐스탄의 전통이에요. 아주 어린아이들도 야외에서 청년들에게 아식 놀이를 배웁니다. 아식은 양의 복사뼈를 부르는 말이랍니다. 이 뼈 중 하나를 다른 흰색 뼈들과 구분하기 위해 선명한 색으로 칠합니다. 아식 놀이를 하는 방법은 간단해요. 목표는 바닥에 줄지어진 뼈들을 맞춰서 따내는 거예요. 아이들은 차례대로 아식을 전부 따내기 위해 돌을 던집니다.

카자흐스탄 동부의 몽골에서도 놀이 방식은 거의 비슷합니다. 사람들은 팀을 이뤄 전통 의상을 입고 노래하며 즐깁니다. 작은 대리석 판을 손이나 석궁으로 쏴서 아식을 떨어트립니다. 아식 놀이는 인내심, 정확성, 집중력을 사용하는 인류 역사상 가장 오래된 게임 중 하나예요.

# 가다 체계

에티오피아 ÉTHIOPIE

가다(Gada) 체계는 에티오피아의 전통이에요. 오로모(oromo)족은 가다라고 불리는 세계에서 가장 독특한 정치 체계를 발명했습니다. 가다 체계는 오로모족의 사회 전체를 조직하고 삶의 단계를 규제합니다. 가다 체계는 각 세대 계급에 8년 동안 지속할 등급에 따른 뚜렷한 역할을 줍니다. 그래서 인생의 중간 단계에 이르러 여섯 번째 등급에 도달할 때는 권력을 가지게 되죠. 이로 인해 오로모족을 이끄는 정치 지도자는 8년마다 한 번씩 바뀝니다.

가다 체계에서는 여성에게 조언을 구합니다. 의식과 집단 토론은 커다란 단풍나무 아래에서 열리고 아이들은 학교에서 이런 가치에 대해 배우죠. 가다 체계는 오래됐는 데도 불구하고 우리의 민주주의만큼 현대적인 사회정치 체계입니다.

# 자피마니리족의 목공예

마다가스카르 MADAGASCAR

목공예는 마다가스카르 남동부 산맥의 중심부에 사는 자피마니리(Zafimaniry)족의 전통이에요. 자피마니리족은 독창적인 방식으로 나무를 조각합니다. 자피마니리족에게 나무는 1순위로 중요한 재료여서 18세기에 산림이 풍부한 이 지역에 정착했어요. 목수, 산림전문가, 공예가가 대부분인 이 민족은 모두가 나무를 잘 알고 목재를 자르고 다듬을 줄 압니다. 약 20개의 다른 종의 나무들을 사용해 집의 벽, 의자, 테이블뿐 아니라 기둥, 상자, 도구를 제조하고 또 말뚝 위에 곡물창고까지 짓습니다.

자피마니리인들은 각각의 물건에 가족 간의 유대관계를 상징하는 거미줄 모양을 새기거나 공동체 생활을 상징하는 벌집을 조각하기도 합니다. 이처럼 함께 지내는 것, 주변 환경과 조화를 이루는 일의 중요성을 일깨워주는 자피마니리인들은 슬프게도 산림 파괴로 인해 그들의 삶을 위협받고 있습니다.

## 백파이프

슬로바키아 SLOVAQUIE

백파이프 연주는 유럽의 중심부 슬로바키아의 전통입니다. 백파이프라고 하면 일반적으로 스코틀랜드나 브르타뉴를 떠올리지만, 슬로바키아에는 여러 가지 다양한 형태의 백파이프가 있습니다. 백파이프 주머니는 주로 염소 가죽으로 만들어지는데, 백파이프의 장식 무늬는 지역에 따라 달라집니다. 전통 의상을 입고 부르는 노래와 춤도 지역에 따라 조금씩 다른 것처럼요. 이는 슬로바키아 전국 각지에서 백파이프를 연주하기 때문입니다. 마을마다 자신들의 백파이프 연주자를 가지고 있는 걸 자랑스러워해요. 백파이프 연주는 슬로바키아의 모든 축제에서 감동적으로 울려 퍼집니다.

## 십자가 공예

리투아니아 LITUANIE

십자가 공예는 리투아니아의 전통입니다. 사람들은 도시나 시골 마을에서 길을 따라 나무로 된 십자가를 만듭니다. 이 십자가는 떡갈나무에 조각하는데, 높이가 5미터에 달합니다. 십자가를 만드는 장인들은 꼭대기에 작은 지붕을 얹기도 하고 사람들이 은혜와 보호를 구하는 성모 마리아, 성자와 같은 모티브 또는 꽃, 조각상으로 장식해요. 리투아니아인들은 사제들이 축성한 신성한 십자가 아래에 음식, 돈, 공예품 같은 봉헌물을 놓기도 합니다.
모든 풍경을 가로지르는 이 나무 십자가는 소비에트 정권하에서 금지된 이후부터 더욱 강력한 이 나라의 종교적 상징이 됐답니다.

## 말과 낙타의 아르다

 오만 OMAN

말과 낙타에게 바치는 큰 규모의 축제인 *아르다(ardhah)*는 오만의 전통입니다. 기수들은 관중에게 달리는 말 위에 서서 곡예를 선보이거나, 말과 낙타를 앉혔다 서게 하는가 하면, 말들이 나란히 달리는 동안 서로 손을 잡는다거나 하는 등, 동물의 등 위에서 묘기를 선보입니다. 이 쇼에는 시, 노래, 춤이 어우러져요. 축제의 마지막, 말과 낙타는 장인이 호화로운 은장식으로 바느질해 만든 옷을 입고 열을 지어 행진합니다.

오만은 조련에 대해 중요한 역사를 보존해왔고, 이 축제는 몇 세기 동안이나 지속돼온 오만 사람들의 말과 낙타를 기르는 숙련된 솜씨를 보여줄 뿐 아니라 이 동물들과 힘께 하며 배운 사랑을 증명하죠.

# 모래 그림

**바누아투** VANUATU

모래 그림은 남태평양 바누아투 제도의 전통입니다. 이 섬의 초기 주민들은 서로 소통하기 위해 모래 위에 그림을 그렸어요. 오늘날까지도 이 예술은 자신을 표현하고 신과 소통하는 수단이에요. 그림을 그리는 사람은 모래, 화산재 또는 점토 위에 작업할 수 있습니다. 그는 바닥에 앉아 손가락으로 기하학적이고 대칭적인 모양을 그립니다. 그들이 만드는 수많은 문양은 분명한 의미를 지닌 신성한 것들로, 여러 문양이 모여 하나의 이야기를 들려줍니다. 바누아투 섬사람들은 80가지의 서로 다른 방언을 사용합니다. 하지만 모래 위의 그림 덕분에 섬사람들 모두가 이해하는 언어로 전설을 나눌 수 있답니다. 언어가 필요하지 않은 모두를 위한 예술이에요.

# 풍차와 제분업자

네덜란드 PAYS-BAS

이것은 네덜란드의 전통입니다. 네덜란드에서는 가까운 곳이든 먼 곳이든 눈 닿는 풍경의 구석구석에서 풍차 제분소를 찾을 수 있습니다. 네덜란드 전역에 1,200여 개의 풍차가 있어요. 풍차들은 아직 움직이지만, 그것을 사용해 바람에 따라 날개를 조절하거나 물의 힘을 제어할 줄 아는 사람은 적습니다. 기계가 사람들을 대신하게 되면서 잊어버리게 된 전문 기술이죠.

예전에는 풍차로만 밀가루를 만들 수 있었습니다. 바람이 날개를 움직이고 강의 물이 바퀴를 돌려서 저절로 돌아가는 맷돌에 밀을 빻았어요. 이렇게 풍차와 수차는 자연 고유의 에너지만 사용합니다.

오늘날 네덜란드의 제분업자는 그 수가 줄어들긴 했어도 여전히 전통을 이어가고 있어요. 네덜란드의 넓은 평야에서 거대한 날개가 돌아가는 것을 보는 일은 절대 싫증나지 않을 것입니다…

# 무바 춤

잠비아 ZAMBIE

렌제(lenje)족이 아주 오래전부터 춰온 무바 춤은 잠비아 중부의 전통입니다.

아이들은 결혼식이나 장례식과 같은 중요한 행사에서 어른들에게 영감을 받아 무바 춤을 배웁니다. 주요 춤꾼들은 막대기나 동물 꼬리털로 만든 '치미카(chimika)'라고 부르는 파리채를 들고 있습니다. 목에는 색구슬 목걸이를 두르고 다리에는 방울과 작은 관 모양의 나무로 만든 치마를 입으면 몸 전체가 악기가 됩니다! 춤꾼들의 동작은 그들을 둘러싼 타악기, 노래와 휘파람의 리듬에 맞춰 움직입니다.

때때로 무바는 무아지경의 영역에 다다릅니다. 춤꾼들에게 조상의 영혼이 찾아올 때죠! 한 번 더 말하자면 춤은 우리의 마음을 어루만지고, 즐겁게 하고, 치유하고… 몸과 영혼을 자유롭게 합니다.

# 성체축일의
# 춤추는 악마들

—

 베네수엘라 VENEZUELA

성체축일 축제는 베네수엘라의 전통입니다. 유럽 식민자들이 베네수엘라에 상륙했을 때 그들은 종교뿐 아니라 축제도 이곳에 전파했어요. 성체축일 축제도 그중 하나인데, 이곳에서는 독특한 방식으로 발전해 왔습니다. 베네수엘라 사람들은 악을 무찌른 예수의 승리를 기념합니다. 마을 사람들은 악령을 쫓아내기 위해 화려한 색의 가면을 쓰고 종, 손수건, 리본 띠를 사용해 악마로 분장해요. 긴 행진이 시작되면 악마들은 북소리와 마라카스* 소리에 맞춰 춤을 추다가 선의 힘에 굴복하면서 축제가 끝납니다. 지난 400년 동안 사람들은 춤을 추면서, 그리고 우리에게 두려움을 안겨주는 존재를 흉내 내면서 공포와 악으로부터 벗어났어요. 이것은 두려움에서 벗어날 수 있는 최고의 방법입니다.

—

\* maracas : 라틴 아메리카 음악에서 쓰는 리듬 악기. 마라카의 열매를 말려서 그 속에 말린 씨를 넣은 것으로, 흔들어서 소리를 낸다. 고음과 저음의 두 개를 한 짝으로 쓴다.

# 세즈난의
# 도자기들

—

 튀니지 TUNISIE

도예 기술은 지중해에서 멀지 않은 튀니지 세즈난(Sejnane)의 전통입니다. 이른 아침부터 여성들은 진흙을 채취하러 강으로 떠납니다. 어머니가 딸에게 전수하는 이 오랜 전통 덕분에 여성들은 강바닥의 흙을 부수고 씻어낸 후 진흙을 반죽해서 다양한 물건들을 만들어 냅니다. 주로 작은 동물상, 인형이나 접시 같은 것들입니다.

도자기가 완성되면 가마에서 구운 뒤 말리고 다듬습니다. 그런 다음 식물에서 유래한 녹색 색소나 황토로 작품을 장식합니다. 이 문양들은 베르베르족의 문신과 비슷해요. 마지막으로 소똥으로 만든 작은 가마에서 한 번 더 구워냅니다. 마을의 생활은 이 여성들을 중심으로 조직돼 있고, 여성들은 자신들만이 알고 있는 비법으로 전수한 도자기를 만들고 파는 유일한 사람들입니다.

## 크리스 공예

**인도네시아** INDONÉSIE

크리스(Kris) 공예는 인도네시아 자바 섬의 전통이에요. 천 년 전부터 사람들은 마법적인 힘을 가진 물건, 크리스를 만들어 왔습니다. 크리스는 칼날이 얇은 단검처럼 생겼고 직선, 곡선 또는 물결 모양 등 40여 가지 변형이 있는 칼의 일종입니다.

크리스를 만드는 대장장이들은 여러 분야의 지식을 갖추고 있습니다. 모든 장인은 금속을 수십 번 접어 달궈서 다양한 금속이 수백 번 겹쳐진 독창적인 칼날의 크리스를 만들어요. 나무나 금, 상아로 만든 칼집에 넣은 크리스는 무기로 사용되지만, 이것을 지닌 남녀 모두에게 마술적인 힘을 가진 부적이 되기도 한답니다.

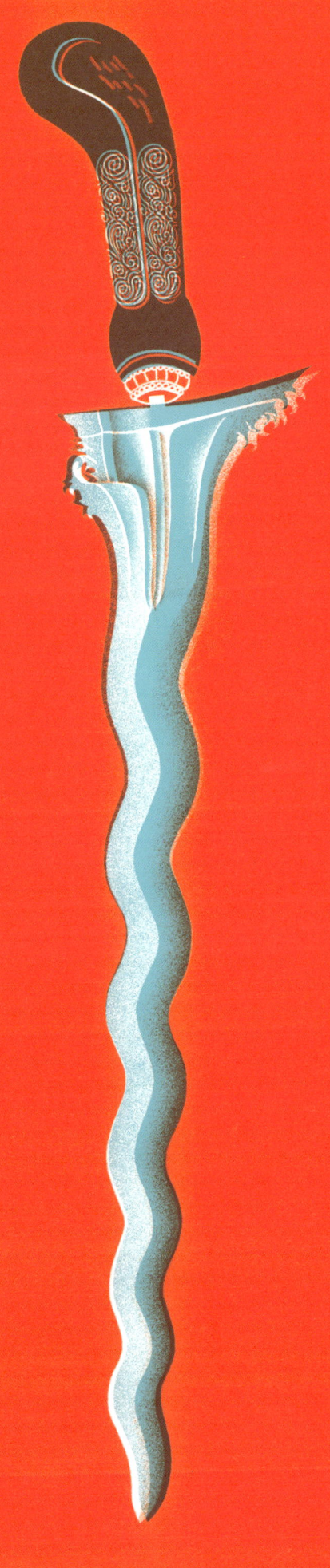

# 파두

**포르투갈** PORTUGAL

포르투갈 리스본의 가난한 지역에서 생겨난 백 년 이상 된 전통입니다. 파두(pado)는 시와 결합한 슬프고도 아름다운 음악입니다. 남자 또는 여자 솔로 가수가 기타 반주자와 함께 사랑, 결핍, 슬픔, 망명, 사우다지(saudade)에 대해 노래합니다. 사우다지는 포르투갈어에만 존재하는 말로 우리말의 어떤 단어로도 번역되지 않는데, 한 단어 안에 향수, 희망, 애수 등의 의미가 포함돼 있습니다. 요즘에도 리스본의 몇몇 거리를 걷다 보면 포르투갈의 정체성과 사우다지를 매우 잘 구현한, 듣는 사람의 심장과 영혼을 꿰뚫는 노래가 울려 퍼지는 걸 들을 수 있어요.

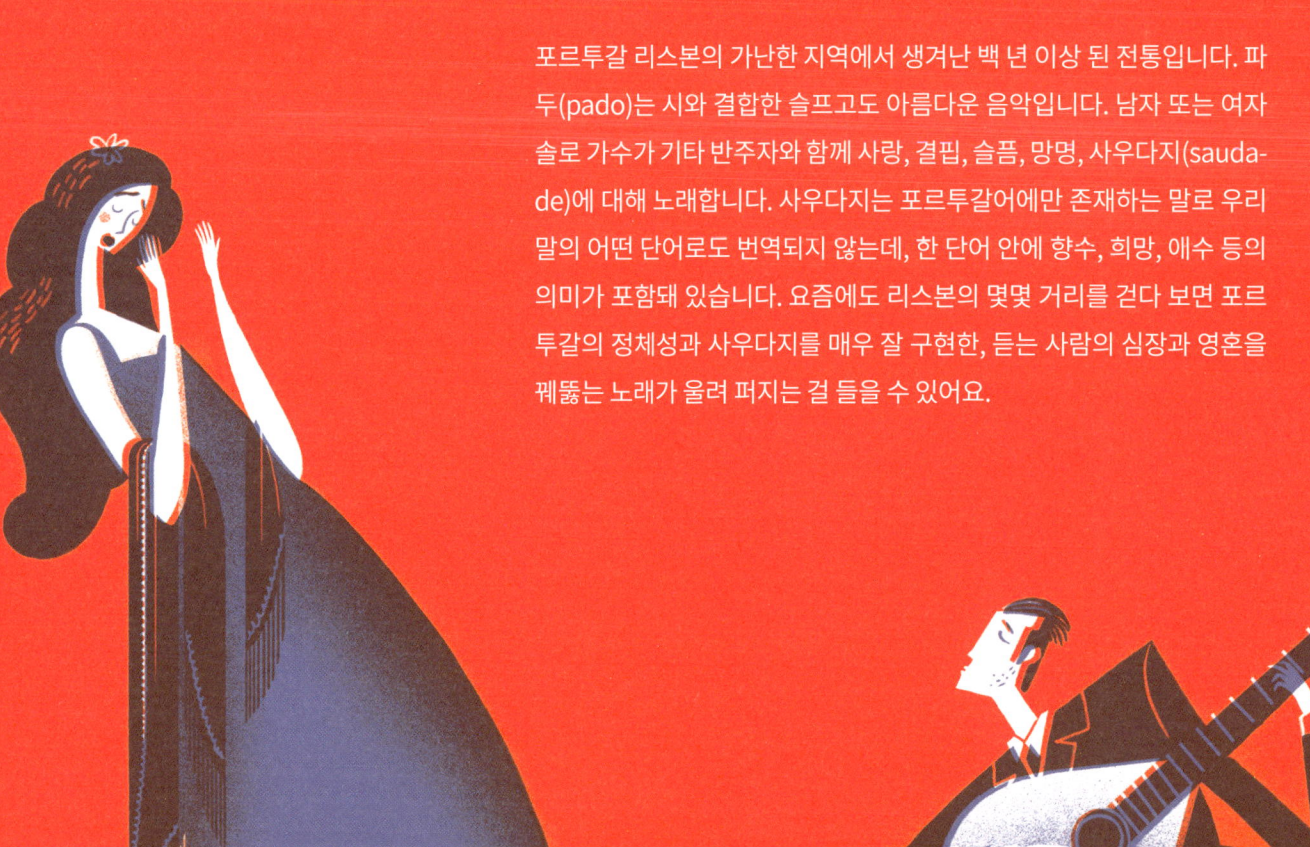

# 팍 의식

과테말라 GUATEMALA

팍 의식(*Paach* Ceremony)은 과테말라 중심부 산악지대의 전통입니다. 10월 초, 산 페드로 사카테페케스(San Pedro Sacatepéquez)에서는 옥수수 수확을 기념합니다. 옥수수 수확이 끝나고 나면 아이들, 부모, 조부모 모두 모여서 이틀간 북소리에 맞춰 행진하며 자연에 감사드립니다. 그들은 꽃과 옥수수로 만든 햇불을 들고 시내의 거리를 따라 교회까지 걸어가요.

농부들 가운데 연장자가 빨간색과 검은색의 판초를 입고 행렬을 이끌어 마야 언어로 기도하며 제단을 준비합니다. 여성들은 이삭과 꽃모양의 장식을 맡아서 만들고 의식 중에 나눌 음식도 요리해요.

팍 의식은 사람들과 자연을 연결하는 중요한 관계를 상기시키고 겸허한 마음으로 자연을 기념하는 법을 알려줍니다.

# 꼭두각시 인형과 그림자극
—
캄보디아, 시리아, 인도네시아, 스리랑카 CAMBODGE, SYRIE, INDONÉSIE, SRI LANKA

신을 기리는 꼭두각시 그림자극 스벡 톰(Sbek Thom)은 캄보디아의 전통입니다. 가죽으로 만든 2미터 높이의 꼭두각시 그림자극이죠. 밤이 오면 오케스트라가 연주를 시작하고 사람들은 불을 밝힙니다. 그리고 그 불 앞에 두 개의 말뚝에 고정시킨 커다란 흰색 스크린을 설치하죠. 이야기꾼이 이야기를 시작하고 춤꾼들이 두 개의 대나무 대에 고정된 판을 움직이면 스크린에 인형의 그림자가 비치는 연극입니다.

수천 킬로미터 떨어진 시리아에서도 빛을 쏜 천 뒤에서 꼭두각시 인형을 움직입니다. 인형극을 진행하는 사람은 순진한 인물 카라코즈(Karakoz)와 그의 영리한 친구 아이와즈(Eiwaz)의 모험담, 그리고 말하는 동물들의 이야기를 들려주죠. 하지만 이 작은 그림자극들은 오늘날에는 대부분 사라졌어요.

그런가 하면 인도네시아에서는 이런 형태의 인형극을 '와양(wayang)'이라고 부릅니다. 와양이 자바 섬에서 시작된 지는 천 년도 훨씬 더 됐답니다. 가죽으로 만든 꼭두각시 인형의 그림자가 스크린에 나타나면, 가느다란 막대로 움직이는 이 인형들의 기다란 팔은 꼭 살아 있는 것처럼 움직입니다. 또 다른 종류로는 나무로 만든 입체적인 형태의 와양 인형이 있어요. 북소리와 청동 악기가 토속적 신화, 인도의 서사시, 페르시아의 민담이 섞인 이야기에 박자를 맞춥니다. 사회와 정치를 비판하는 희극적 인물들을 통해 도덕적 가치를 전하는 대중적인 공연이에요.

마지막으로, 스리랑카 남부의 마을 사람들은 *루카다 나트야(rūkada nātya)* 덕분에 즐겁게 지냅니다. 인형술사들은 나무 인형 위에서 줄을 당겨 인형을 움직이며 연기합니다. 소규모 밴드가 민담, 불교 또는 스리랑카의 전설 등을 이야기하는 인형극에 함께 하죠.

세상의 모든 문화는 사실 영화가 존재하기 훨씬 전부터 영화를 발명한 것이랍니다.

## 제마 엘프나 광장

모로코 MAROC

모로코 마라케시의 아주 오래된 구역 메디나의 전통입니다. 이곳에는 천 년 전통의 제마 엘프나(Jemaa el-Fna) 광장이 있습니다. 삼각형 모양을 한 제마 엘프나 광장은 마라케시의 중심입니다. 이곳은 밤낮없이 주민과 관광객들이 서로 만나고 머무는 공간으로 상업 지역과 오래된 직업군의 사람들이 공존하고 있습니다. 식당도 많고 과일 및 채소 장수뿐 아니라 치과 의사, 전통 의료인, 헤나 문신하는 사람, 물장수, 설교하는 사람, 점술가 들을 만날 수 있어요. 사람들은 오늘도 이야기와 시, 베르베르인 음악, 현악기 신티르(senthir) 연주를 들으러, 또는 뱀 마술이나 트랜스 무용수를 보러 이곳에 가요. 여기서는 삶이 들끓고 있어요.

# 공 문화

베트남 VIETNAM

공(Gong)은 베트남 중심부 산악지대의 전통입니다. 공을 연주하는 것은 신에게 말을 건네는 방법이에요. 가족을 보호하거나 자연 혹은 신과 맺은 관계를 기억하기 위해 집집마다 적어도 하나의 공을 가지고 있습니다.

청동으로 만든 공에는 신이 깃들고 공이 오래될수록 신이 더 강력해진다고 믿습니다. 마을마다 공을 다른 방식으로 연주하지만 이곳의 높은 고원 곳곳에서는 성스러운 의식과 공동체의 축제에 공이 빠지지 않습니다. 마을 사람들 모두의 탄생부터 죽음까지 중요한 순간마다 곳곳에서 공이 울려 퍼진답니다.

# 은시마

말라위 MALAWI

아프리카 동남부 말라위의 전통입니다. 여성들은 옥수숫가루, 물, 소금을 섞어 하얀 시루떡 같은 은시마(Nsima)를 요리합니다. 말라위의 여성들은 옥수수를 재배하고 이삭을 골라 빻은 뒤, 씻고 체로 쳐서 고운 밀가루를 만들어요. 여성들은 여자아이들이 아주 어릴 때부터 은시마 만드는 법을 가르칩니다. 은시마에는 익힌 잎과 채소, 콩 또는 남자들이 사냥한 고기나 낚시해 온 생선을 같이 곁들여 내기도 합니다. 식사 시간엔 모두 모여 손가락을 사용해 맛을 보죠. 온 가족이 세상에서 가장 오래된 전통을 함께 나누는 순간입니다.

# 장식 수레 축제

일본 JAPON

장식 수레 축제는 거리를 활기 넘치게 만드는 일본의 전통입니다. 나라 곳곳의 도시와 시골 마을에서 수많은 기념행사 동안 수레가 행진해요. 이 축제는 한 해 전부터 준비합니다. 모든 연령대와 모든 공동체의 주민들이 가장 아름다운 수레 대회에 참가해요. 각 팀은 자신들의 수레를 만든 뒤 천, 나무, 금속 조각, 자신의 지역을 나타내는 문양, 종이꽃, 깃발과 인형 등으로 눈에 띄게 장식합니다. 행진이 진행되는 동안 매우 아름다운 광경이 펼쳐집니다. 일본 사람들은 가장 화려한 의상을 입고 음악에 맞춰 춤을 추며 행렬을 따릅니다.

주민들은 이런 축제를 통해 신에게 태풍과 지진으로부터 보호해 달라고 기원합니다. 일본은 자연재해가 자주 일어나기 때문입니다. 춤과 음악은 세계 곳곳에서 신들에게 평화를 구하는 아름답고 고결한 방법입니다.

# 티노스 섬의
# 대리석 조각품

**그리스** GRÈCE

대리석 공예는 고대부터 대리석을 조각해온 그리스 키클라데스 북쪽, 티노스 섬의 전통이에요. 공방에서는 가장 어린아이들이 가장 경험이 많은 전문가들에게서 바위를 구별하고 결을 알아보고 다듬는 법을 배웁니다. 이곳에서 배우는 학생들은 장인들이 도면을 그리고 대리석을 조각하는 동안 도구를 청소하고 정리합니다. 나무, 꽃, 새, 선박과 같은 조각품들은 집, 건물, 간판, 그릇 등 섬 어디에서고 찾아볼 수 있는데 악마를 쫓아내고 번영을 기원하는 의미입니다. 이 기술은 고대 그리스 유적을 복원하는 데에도 사용된답니다.

섬 곳곳에서 보이는 부드럽고 하얀 돌로 만든 이 공예품들은 섬을 더욱 아름답고 우아하게 만듭니다.

# 목가 구조 도면

**프랑스** FRANCE

중세 시대부터 내려오는 프랑스의 전통입니다. 건축하기 위해서는 먼저 도면을 그릴 줄 알아야 하는데, 그것은 몹시 어려운 기술이에요. 목수는 건축물의 부피를 상상한 뒤 구조물의 다양한 구성 요소들을 3차원의 도면으로 그려야 합니다. 도면은 지붕, 벽 등 모든 것이 놓이는 뼈대이기 때문에 계획은 매우 구체적이어야 하죠. 그다음에 목수는 각각의 나뭇조각들을 만들게 되는데 그것들은 퍼즐처럼 완벽하게 맞춰집니다.

오늘날의 발전된 기술로 인해 예전처럼 도면을 그릴 줄 아는 것은 드문 일이 됐습니다. 사람들은 이 특별한 목가 구조 도면 기술을 보존하기 위해 젊은이들에게 전수하고 있습니다.

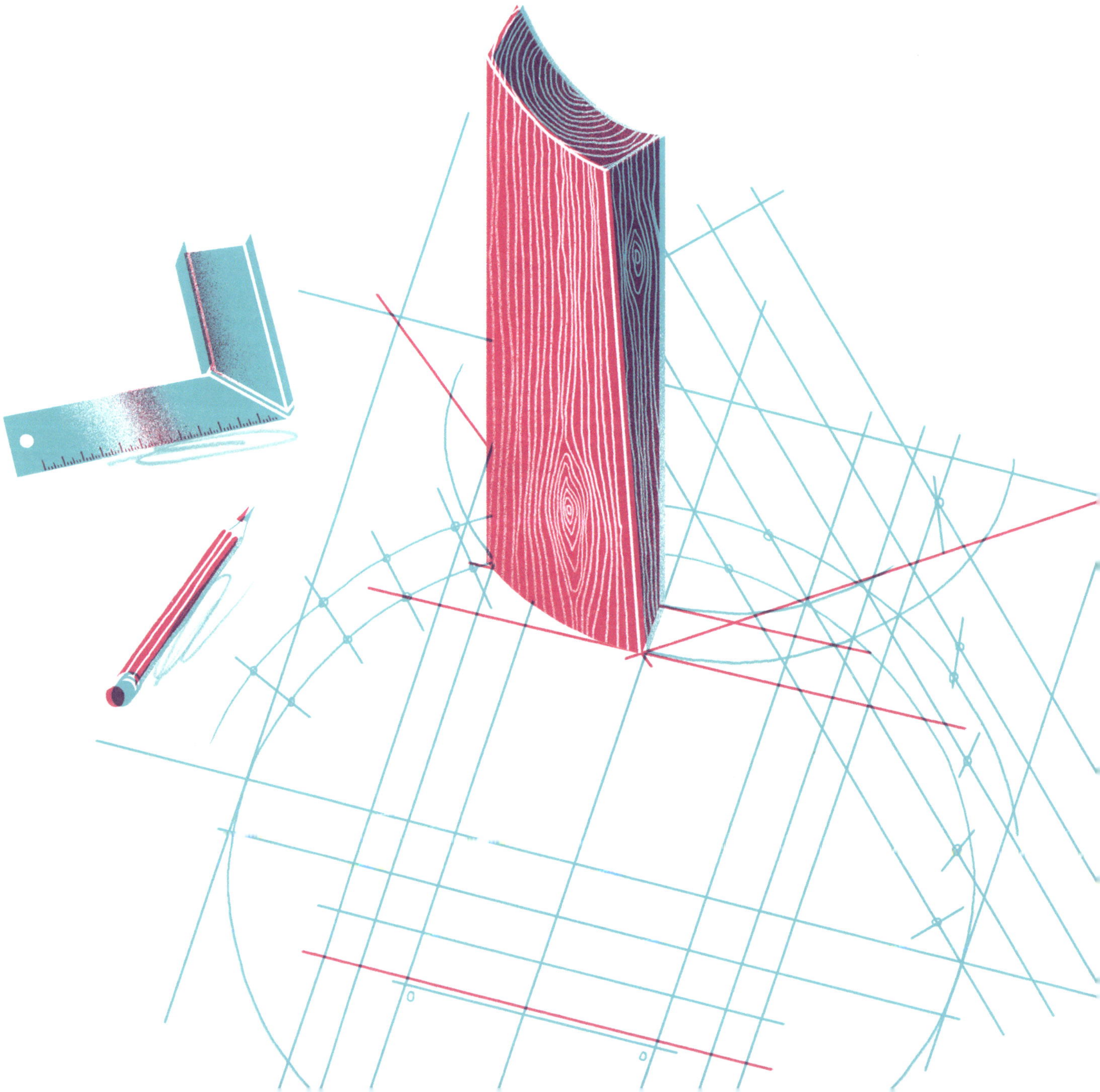

# 탱고

**아르헨티나, 우루과이** ARGENTINE, URUGUAY

탱고는 아르헨티나와 우루과이 사이, 리오 데 라 플라타 중심부의 전통입니다. 탱고는 19세기 말 이곳에서 처음 시작된 춤이에요. 파도가 밀어닥치고 여행객을 맞이하는 항구가 있는 이곳에는 수많은 가난한 사람들이 살았습니다. 그곳에는 부를 찾아서 방금 막 배에서 내린 유럽 식민지 개척자, 아프리카에서 잡혀 강제로 선박에 실려 온 노예, 그리고 그들이 도착하기 훨씬 이전부터 이곳에 살았던 원주민이 있었어요.

이 불행한 환경 속에서 사람들은 서로를 비웃기 위해 춤추기 시작했습니다. 노예들은 유럽인들이 살롱에서 추는 춤을 비웃었고, 백인들은 흑인들의 춤을 비웃었어요. 탱고는 그렇게 태어났습니다. 오늘날, 전 세계에 알려진 탱고는 두 사람이 추는 춤으로, 굉장히 과장된 형식으로 마치 함께 걷는 것처럼 한 사람이 다른 사람을 이끕니다. 탱고는 댄서들이 자주 방향을 바꾸고, 곁들여지는 음악이 매우 리듬감 있는 즉흥적인 춤이에요. 탱고의 동작 하나하나는 사랑의 열정을 이야기하는 것처럼 보인답니다.

# 타흐팁

이집트 ÉGYPTE

남자들이 고대부터 익혀온 무술과 춤이 섞인 *타흐팁(tahteeb)*은 이집트의 전통입니다. 시골 마을 사람들은 전통음악을 배경으로 두 남성이 긴 막대기를 들고 대결하는 광경을 보기 위해 모여듭니다. 이 무술의 목적은 싸우는 척하는 것인데 가장 어려운 부분이죠. 타격은 가해지면 안 되고, 막대는 상대를 치지 않고 몸에 닿기만 해야 합니다. 두 상대는 음악가의 리듬에 맞춰 서로 막대를 교차했다가 풀어줍니다. 그들은 서로의 주위를 돌게 되는데 결투라기보다는 춤 같은 느낌을 줍니다.

이 무술은 아버지로부터 아들에게로 이어지는데 이 과정을 통해 어른이 돼가는 것이죠.

# 헐링

아일랜드 IRLANDE

아일랜드의 비옥한 농촌 지역의 전통입니다. 사람들은 아주 오래전부터 헐링(hurling) 경기를 해왔어요. 헐링이 세계에서 가장 오래된 야외 운동이라고도 합니다. 켈트 신화 이야기에서도 이 운동경기의 이야기가 나올 정도예요. 헐링은 끝부분이 납작한 나무로 된 작은 스틱과 테니스 공만 한 크기의 공으로 경기합니다. 득점하기 위해서 선수들은 스틱을 사용해 공을 밀거나 통과시켜서 상대방의 골로 보내야 하죠.
헐링은 팀별로 승부를 겨룹니다. 여성들의 경기는 카모기(camogie)라고 불러요. 헐링은 아일랜드 문화에서 중요한 스포츠이며, 켈트족 때부터 오늘날까지 많은 클럽과 학교에서 가르쳐왔습니다. 헐링으로 인해 사람들은 팀 정신을 배울 수 있습니다.

# 카니발

## 스위스/쿠바 SUISSE/CUBA

카니발은 사육제라고 불리는 전통이에요. 스위스 바젤에서는 마디그라* 이후 다음 월요일에 시작해 72시간 동안 큰 규모의 카니발이 열립니다. 사람들은 일 년 내내 이 축제를 계획합니다. 주제가 정해지고 나면 모두가 자신의 의상과 마스크, 등불을 만듭니다. 온 세상이 완벽히 어두운 시각인 새벽 4시에 카니발이 시작됩니다. 행렬은 피리와 북소리를 따라 작은 랜턴으로만 밝혀진 도시 안을 열을 지어 행진합니다. 스위스에서 가장 유명한 축제인 카니발에서 사람들은 웃으면서 많은 것들을 풍자하는데 이것이 카니발의 핵심입니다.

이곳에서 수천 킬로미터 떨어진 쿠바 섬의 중심지에는 19세기부터 매년 연말마다 서민들이 자신들을 위해 준비한 '*파란다스(parrandas)*'라는 축제가 있습니다. 파란다스는 도시의 지역구들이나 마을들이 가장 아름다운 의상, 가장 아름다운 유적 모형, 가장 아름다운 수레, 가장 아름다운 춤, 가장 아름다운 노래, 가장 아름다운 불꽃놀이, 가장 아름다운 빛나는 장식품을 만들기 위해 서로 경쟁하는 것이랍니다. 각 팀은 자신을 상징하는 동물을 하나 정해서 이 동물을 꾸미고, 색칠하고, 조립하고, 바느질해 엠블럼을 만듭니다. 가장 아름다운 엠블럼을 만든 팀이 경쟁에서 승리합니다.

세계의 많은 지역에서 열리는 카니발은 일상생활, 걱정, 두려움을 극복하기 위한 웃음, 기쁨, 풍자의 순간을 제공합니다.

---

* mardi gras : 사육제의 마지막 날, '재의 수요일(Ash Wednesday)' 전날을 의미한다. 영어로는 팬케이크 데이에 해당하는데 '기름진 화요일(Fat Tuesday)'이라는 뜻이다.

## 나폴리 피자 기술

이탈리아 ITALIE

가장 뛰어난 피자를 만드는 기술과 방법을 알고 있는 이탈리아 연안 나폴리의 전통은 바로 나폴리 피자입니다. 이 지역에는 훌륭한 요리사인 피자이올로가 3천 명 넘게 있어요. 요리사는 자신의 나무 화덕이 있는 작은 가게 *부테가(bottega)*에 서서 어린아이들에게 규칙과 요리 기술을 가르칩니다. 그는 아이들에게 반죽과 다른 재료들을 어떻게 준비하는지, 작업대 위 공 모양의 밀가루 반죽을 어떻게 주무르고 분할하는지, 어떻게 공기 중으로 던지면서 늘이는지, 피자를 어떻게 토핑하는지, 그리고 마지막으로 어떻게 그것을 화덕에 넣고 그 안에서 돌리는지 가르칩니다. 세대에서 세대로... 사람들은 피자이올로가 하는 동일한 수행 과정을 관찰하면서 배웁니다. 우리는 그들 덕분에 맛있는 음식을 먹을 수 있답니다.

# 농담의 기술

## 우즈베키스탄/니제르 OUZBÉKISTAN/NIGER

농담의 기술은 우즈베키스탄의 전통입니다. 두 남성, 때로는 두 팀이 '아스키야(askiya)'라고 불리는 만담 경기에 참여하는데, 가장 재미있고 재빠른 대답을 하는 사람이 이기는 것이에요. 사전에 준비하는 것은 아무것도 없으며 참가자들은 재치 있는 말을 교환합니다. 그는 익살스러우면서 빠르고, 임기응변에 능숙해야 하며, 언어에 대해서도 잘 알아야 합니다. 이 놀이는 삶의 어려운 상황과 문제들을 한 발짝 뒤로 물러서서 바라보고 이를 극복하도록 격려한답니다.

농담의 기술은 니제르의 전통이기도 합니다. 결혼식, 장례식, 세례식 같은 주요 행사에서도 의례적 조롱의 한 형태인 말싸움을 보는 것은 드문 일이 아닙니다. 이를 농담 토론이라고 하는데, 이것은 다양한 공동체 간의 연대와 평화를 유지하기 위한 선조들의 관행이에요.

이러한 놀이로부터 사람들이 조롱과 유머를 배우고, 아이러니를 통해 진정한 갈등을 비껴가게 됩니다. 다 함께 더 잘 살기 위한 하나의 웅변 예술입니다.

## 마리아치

—

멕시코 MEXIQUE

마리아치(mariachi)는 200년 전에 만들어진 멕시코의 전통입니다. 마리아치는 큰 축제에서 적어도 두 사람이 연주하고 노래하는 음악으로, 대부분 더 많은 멤버들이 모여서 연주합니다. 전통 의상인 유명한 챙이 넓은 모자 덕분에 천 명의 사람들 사이에서도 이들을 쉽게 알아볼 수 있답니다. 대부분의 악기가 바이올린, *비우엘라*(*vihuela*, 기타와 비슷한 6현악기) 및 *기타론*(*guitarron*, 큰 베이스 기타)과 같은 현악기들입니다. 트럼펫은 멜로디를 강조하기 위해 더해졌다고 해요.

음악은 아버지에서 아들로, 악보 없이 귀를 통해, 옛날 음악을 들으면서 전해집니다. 노래는 스페인어나 아메리카 원주민 지역의 언어로 쓰여요. 마리아치는 시골 마을의 사랑, 나라, 향수, 종교, 자연, 삶에 대해 이야기합니다. 노래의 주제는 모든 사람의 생각과 관대를 반영해요.

## 휘파람 언어

**튀르키예** TURQUIE

휘파람 언어는 튀르키예 가파른 산악지대의 전통입니다. 접근이 어려운 만큼 사람이 이동하는 것도 어려워요. 그래서 농부들과 양치기들은 멀리서도 서로 이해할 수 있는 의사소통 방법인 휘파람 언어를 발명했습니다. 언덕의 한쪽에서 다른 쪽으로, 양치기들은 전하고 싶은 말을 휘파람으로 붑니다. 이처럼 휘파람을 부는 사람은 의사 전달을 위해 움직일 필요도, 자신의 소리가 들리게 하기 위해 목이 쉬도록 말할 필요도 없답니다. 이 언어는 어린 시절부터 주변의 어른들로부터 배우는 것이어서 분명한 단어와 문장을 갖추고 있어요. 매년 마을 사람들은 휘파람을 가장 잘 부는 사람에게 상을 주는 축제를 엽니다. 의사소통과 전달의 필요성이 하나의 예술로 태어났습니다.

# 남성 통과의례

케냐 KENYA

남성 통과의례는 케냐와 탄자니아 사이에 있는 마사이족의 전통입니다. 가축을 사육할 뿐 아니라 전사이기도 한 이 민족에게 소년들은 각각 다른 연령에 세 가지 의식을 통과할 때 비로소 남자가 됩니다. 어린 소년들은 먼저 *엔키파타(enkipaata)*를 거쳐야 하는데, 며칠 동안 공동체에서 아이들이 미래에 맡게 될 역할을 설명해요. 연장자들은 양 떼를 기르는 방법을 전수하고, 마사이족의 전설을 이야기하며, 동료들을 존중하는 법과 갈등에 대처하는 방법을 알려줍니다.
8년 뒤에, 새로운 통과의례인 *에우노토(eunoto)*가 열려요. 성년으로의 통과를 상징하기 위해 청년들의 머리를 짧게 깎습니다.
마지막 의례는 *오른게셰르(olng'esherr)*예요. 젊은 전사는 그를 위해 희생된 소고기를 먹음으로써 남자가 됩니다.
이 세 가지 의식이 모두 완료되고 나면 그들은 완전한 남성이 되고, 신뢰할 수 있으며, 마사이 공동체를 지탱해 나갈 수 있다고 여겨집니다.

# 핀타오 모자
# 제작 기술

 파나마 PANAMA

*핀타오(pinta'o)* 제작 기술은 모자의 나라 파나마의 전통입니다. 남아메리카와 북아메리카를 연결하는 이 나라에서는 사람들이 밭에 나갈 때나 큰 축제 기간에 쓰는 '핀타오'라고 하는 모자를 만들어요.

핀타오는 세심한 작업이 필요하고, 그 작업은 정원에서부터 시작됩니다. 핀타오를 만들기 위해서는 네 가지의 다른 야자수 종을 길러야 하기 때문이에요. 야자나무를 자르고 난 뒤 섬유질만 분리해 끓인 뒤 다시 말립니다. 이 야자수 중 하나는 다른 식물과 진흙을 사용해 검은색으로 물들입니다. 그다음엔 이 섬유들을 손으로 섬세하게 땋습니다. 장인이 나무 모양의 통에 두른 섬유를 실처럼 사용해 모자의 몸통을 만든 후 납작한 판과 함께 바느질해서 꿰매면 핀타오가 완성됩니다.

흑백 모자를 쓴 걸 자랑스러워하며 주민들이 모여듭니다. 모자는 마치 최면술을 펼치듯 기하학적 무늬를 뽐내죠!

# 틀렘센의
# 결혼 예복

알제리 ALGÉRIE

결혼 예복은 바다에서 멀지 않은 알제리 틀렘센(Tlemcen)의 전통입니다. 이곳에서 여성들은 결혼을 위해 특별한 옷을 차려 입고 화장을 하죠. 항상 같은 방식으로 늘 똑같은 의식을 따릅니다. 예비 신부는 신랑을 보러 가기 전, 벨벳과 금색 실크로 된 '체다(chedda)'라고 부르는 드레스를 입어요. 친구들은 미래의 신부를 둘러싸고 신부의 손에 헤나를 그려 넣습니다. 그들은 신부에게 작은 원뿔 모양의 전통 모자를 씌워줘요. 신부가 가족과 친척들에 둘러싸여 구혼자가 있는 장소에 도착하면 비로소 축제가 시작됩니다.

결혼을 축하하는 시간, 신부를 정화하기 위한 의식으로 뺨과 입 아래에 붉은색과 은색의 동그라미를 그려 넣습니다. 축제가 끝날 즈음 신부의 모습은 정말 멋지답니다.

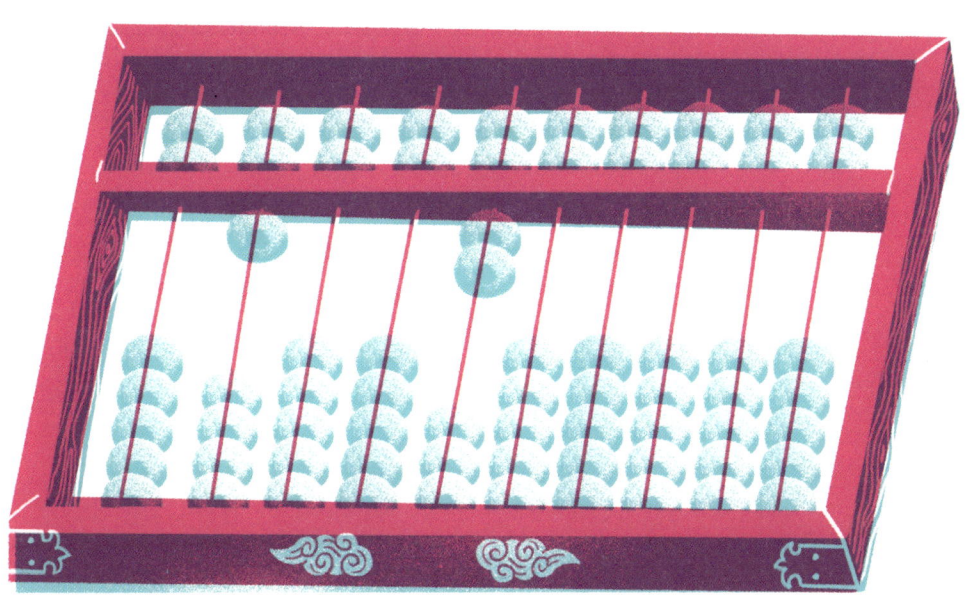

## 주판

### 중국 CHINE

숫자를 세고 계산하는 법을 배우기 위한 주판은 중국의 전통입니다. 주판은 계산기의 시조이며 수학의 발전에 공헌했죠. 주판은 대나무나 금속으로 된 기다란 막대에서 나무 공들이 움직이는 작은 물건이에요. 이 나무 공들을 움직이면서 덧셈, 뺄셈, 곱셈, 나누기뿐 아니라 훨씬 더 복잡한 계산도 할 수 있습니다.

주판의 기법을 주판셈이라고 합니다. 주판셈으로 하는 산수를 연습하기 위해 가장 간단하고 정교한 계산을 기억하는 걸 도와주는 노래를 통해 공식을 외워요. 암산 규칙은 아이들의 기억력과 집중력을 길러줍니다. 주판은 중국 문화에서 아주 중요한 물건이고, 역사가 오래됐지만 아주 현대적이기도 합니다.

# 씨름

**대한민국, 북한, 조지아**
CORÉE DU SUD, CORÉE DU NORD, GÉORGIE

전통적으로 씨름이 공동체를 연결해주는 곳들이 있습니다. 씨름은 대한민국과 북한에서 매우 인기 있는 전통적인 레슬링이에요. 각 선수는 '샅바'라고 부르는, 허벅지부터 연결된 허리에 맨 천으로 된 긴 띠를 사용해 다른 선수를 쓰러뜨리려 애씁니다. 두 상대는 모래밭 위에서 대결합니다. 경기를 마친 승자는 황소를 타고 행진합니다.

수천 킬로미터 떨어진 조지아에서는, 두 남자가 그들 주위를 둘러싼 구경꾼들 앞에서 대결하는 *치다오바(chidaoba)*를 볼 수 있습니다. 이 씨름꾼들은 반바지와 조끼로 된 전통 복장을 갖춰 입어요. 각 선수는 200가지가 넘는 특정한 방법으로 상대방을 밀어서 땅바닥에 넘어뜨려야 합니다. 북과 주르나*(zurna)*라는 관악기로 결투의 시작을 알려요. 경기에 맞춘 연주가 긴장감을 더합니다.

# 어미 낙타
# 달래기 의식

 몽골 MONGOLIE

달래기 의식은 유목민들이 양 떼와 낙타 무리를 돌보는 몽골 대초원의 전통입니다. 왜인지 알 수 없지만, 때때로 어미 낙타가 방금 태어난 새끼를 거부하기도 한답니다. 목동은 해 질 무렵 땅거미가 지면 그때 새끼와 어미를 가까이 둡니다. 그는 침착하게 새끼 낙타를 어미에게 묶고, 어미를 안심시키는 노래를 흥얼거려요. 그는 두 동물 사이의 유대감을 형성하고 어미가 새끼를 받아들이는 걸 돕기 위해 어미를 어루만지면서 함께 머뭅니다. 어미 낙타를 달래기 위해 악기(네모난 바이올린이나 피리)를 꺼내어 들고 둘 사이에 앉아 연주하기도 합니다. 목동은 고아 낙타를 어미 낙타 무리에 맡기고 싶을 때도 같은 방법을 사용합니다. 서로를 알지 못하거나 알아보지 못하는 두 동물 사이를 인간이 서로 연결해 주는 감미로운 순간이에요. 음악이 모든 살아 있는 존재에게 말을 걸 수 있다는 건 확실합니다!

## 벽화

—

### 사우디아라비아
ARABIE SAOUDITE

산들이 바다를 둘러싸고 있는 사우디아라비아 아시르(Asir) 지역의 전통입니다. 이곳 마을에서는 나이 든 할머니와 젊은 여성, 소녀, 청소년 등 거의 모든 연령대의 여성들이 '알 카트 알 아시리(Al-Qatt Al-Asiri)'라고 하는 축제를 주도합니다. 이 축제 기간에 여성들은 그들을 초대한 집의 모든 벽에 함께 그림을 그려요. 무늬와 색상은 아주 오래된 관습을 따릅니다. 벽의 흰색 배경에 상징을 나타내는 기하학적인 형태를 선명한 색으로 그려야 해요. 빨간색 삼각형, 노란색 선, 파란색 마름모, 검은색 윤곽선이 이 현대적이고 유쾌한 프레스코화를 만들어냅니다. 이것은 여성들끼리 흥겨운 분위기와 연대의 시간을 나누는 기회이기도 합니다.

# 침술과 뜸

**중국** CHINE

침술과 뜸은 중국의 전통 의술입니다. 중국에서는 2천 년 전부터 침술로 사람들을 치료해왔어요. 고대인들은 인간을 하늘과 땅 사이의 연결 고리로 보았습니다. 우리의 몸은 경락이라고 불리는 선들로 이어진 소우주이고, 이 점들을 자극해 몸의 균형을 되살려야 한다고 보았어요. 1년 중 12개월과 같은 12개의 주요 선이 있고, 날과 같은 365개의 점이 있습니다. 침술사는 질병을 치료하거나 예방하기 위해 작은 바늘을 특정 부위에 꽂아서 생명 에너지가 몸 안에서 잘 순환할 수 있도록 합니다.

뜸은 경혈을 뜨겁게 해서 자극하는 중국 전통 의술의 또 다른 기법입니다. 말린 작은 쑥 조각을 피부 위에 올린 뒤 불을 붙입니다. 이것을 쑥뜸이라고 불러요.

이 경혈들을 자극하고 나면 몸의 균형이 회복됩니다. 이렇게 약의 도움 없이도 몸은 스스로 회복될 수 있습니다.

침구술은 세상에서 가장 오래된 치료법 중 하나이며, 중국의 국경을 넘어 많이 실천되고 있습니다. 게다가 침구술은 수많은 과학 분야에 영향을 주었습니다.

# 눈사태 위험 관리

**스위스, 오스트리아** SUISSE, AUTRICHE

눈사태 위험 관리는 스위스와 오스트리아 사이에 있는 알프스 지역의 전통입니다. 산악지대의 주민들은 눈과 그 위험에 관해 많은 것을 알고 있어요. 겨울에 눈사태가 나면 눈덩이가 매우 빠른 속도로 경사면을 내려가 그 길에 있는 마을, 도로, 사람, 동물 등 모든 것을 파괴할 수 있기 때문입니다. 마을 사람들은 고지대에 살면서부터 눈사태를 피하는 법을 배웠어요. 이를 위해서는 가랑눈, 서리 등 날씨에 따라 변하는 다양한 눈을 구분할 줄 알아야 합니다. 하지만 숲도 조성해야 해요. 나무들이 높은 산에서 굴러내리는 눈을 막아주기도 하고 또 돌아가게도 해서 직접적인 피해를 막아주기 때문입니다. 눈사태가 나는 길목에 있는 집들은 집 근처에 벽을 세워서 보호하기노 합니다. 더 좋은 빙법은 가능하면 위험 지역에서 먼 곳에 거수시를 구성이고 산비닐를 따라 벽을 세워서 그곳에 빹인 눈이 저절로 떨어지게 하는 것이에요. 알프스신맥의 사람들은 대부분 기이드와 산악 구조 대인 훈련을 받았죠. 그들은 눈에 관한 노하우를 대대로 전수한답니다.

# 승마 새우잡이

—

**벨기에** BELGIQUE

바다에서 말을 타고 새우를 잡는 기술은 벨기에의 해안 오스트되인케르케(Oostduin-kerke)이 전통이에요. 이것은 세계에서 유일한 기술이며, 이 기술 덕분에 넓은 해변가 가까이에 있는 새우를 잡을 수 있습니다. 이곳 사람들은 너무 추울 때를 제외하고 일주일에 두 번 말을 준비시킵니다. 낚시한 새우를 담기 위한 커다란 버드나무 채반 두 개를 매고, 옆구리에 두 개의 나무판자로 고정된 큰 깔때기 모양의 그물을 고정합니다. 모랫바닥을 일궈내기 위한 쇠사슬이 판자에 고정돼 있어요. 어부가 노란 방수복을 입고 말에 올라타면, 말은 앞바다로 나가 해변에서 평행으로 전진합니다. 그물이 쳐지면, 물속에서는 사슬이 바닥을 일굽니다. 이 움직임이 새우가 그물 속으로 튀어 오르게 하는 진동을 일으켜요. 어부의 모든 가족은 그물을 준비하고, 망가진 그물을 고치고, 말을 돌보고, 요리하는 등 각자의 역할에 충실합니다. 해마다 오스트되인케르케에서는 커다란 말이 조그마한 갑각류를 잡는 것을 기념하기 위한 새우 축제가 열려요!

# 요가

**인도** INDE

요가 수련은 인도의 전통입니다. 요가는 철학이고 삶의 방식이지만 무엇보다 운동이에요. 요가는 인도 사회에서 매우 중요한 의미를 갖습니다. 요가의 목표는 몸과 마음뿐 아니라 사람과 사람을 둘러싼 자연과의 균형을 맞추는 것이에요.

이를 위해 지도자는 학생들에게 규칙을 가르칩니다. 지도자는 명상과 호흡, 여러 가지 신체 자세의 스트레칭 그리고 때때로 기도하는 방법을 가르칩니다. 이 수련을 잘 수행하면 몸은 질병에 덜 걸리고 고통이 줄어들어 평온함을 찾게 됩니다. 몸과 마음의 균형이 완성되기 위해서는 건강한 식단 또한 필요합니다.

요가는 오늘날 자신의 본고장을 훨씬 넘어서서 전 세계적으로 인정받은 운동으로 많은 이가 수련하고 있어요. 요가는 자신의 몸을 돌보면서 살아가는 방법입니다.

# 호레주의 도예 기술

**루마니아** ROUMANIE

호레주*의 도예 기술은 루마니아 중심지의 전통입니다. 겨울의 결빙기가 지나고 나면 얼었던 흙을 도자기를 만드는 데 사용합니다. 이곳 사람들은 흙을 물에 적시고, 체에 걸러서 반죽합니다. 도공들은 부모를 관찰하며 배운 동작으로 물레 위에서 진흙을 돌리고, 물을 뿌려가며 형태를 빚어요. 그의 손 아래에서 접시, 그릇, 물병 등 가정의 모든 식기류가 태어납니다. 도공은 곧이어 속이 빈 황소 뿔에 고정한 거위 깃털 붓을 사용해서 전형적인 루마니아식 문양을 그립니다. 수탉, 생명의 나무, 나선형, 뱀, 이삭 등 식물의 형태나 기하학적 문양들이에요. 도공은 갈색, 빨간색, 녹색, 파란색, 흰색 등 여러 색을 마음대로 사용해요.

그는 무늬를 더하는 특별한 기술도 가지고 있습니다. 칠을 마친 도자기가 돌아가는 물레 위에 놓여 있을 때 도공은 긴 철사가 달린 막대로 아직 마르지 않은 도료를 솜씨 있게 번지게 해서 새로운 무늬를 만드는 것이죠. 이제 가마에 굽는 일만 남았습니다…

무한한 형태와 색상으로 완전히 똑같은 도자기를 만드는 것은 불가능하므로 세상에서 하나뿐인 도자기가 탄생합니다. 유일한 아름다움이라고 할 수 있겠죠!

* Horezu : 루마니아 남부 왈라키아 지방 블체아주(Vâlcea County)에 위치한 작은 산골 마을이다.

## 터키 커피

튀르키예 TURQUIE

터키 커피는 방대한 튀르키예 전 지역의 전통입니다. 이곳에선 커피를 다른 어떤 곳과도 다르게 마셔요. 먼저 커피 원두를 가루로 갈아서 물과 섞은 뒤 원하는 대로 설탕을 넣습니다. 약한 불에서 철이나 구리로 된 작은 냄비 *제즈베(cezve)*에 넣고 표면에 거품이 생길 때까지 끓여요. 커피 찌꺼기를 삼키지 않도록 한 모금씩 마시면서 음미합니다. 이 커피의 맛은 매우 써요. 커피는 이 쓴맛을 부드럽게 중화해 줄 물 한 잔과 함께 제공됩니다. 또 어떤 사람들은 커피잔 아래 남아 있는 찌꺼기에서 미래를 읽어내는 것을 즐기기도 해요. 터키인들은 카페에서 만나 대화를 나누고 커피를 마시는 걸 좋아합니다. 사람들을 만나 우정을 나누고 서로 교류하는 중요한 시간이죠.

## 케스와차카 다리 정비

페루 PÉROU

케스와차카(Q'eswachaka) 다리 정비는 아푸리막(Apurimac)강이 흐르는 페루 안데스산맥의 전통입니다. 아푸리막강 위로 가장 모험을 좋아하는 사람들이 건너갈 수 있게 케스와차카 다리가 놓여 있어요. 오직 밧줄로만 만들어진 이 다리는 잉카 시대까지 거슬러 올라갑니다. 매년 사흘 동안 사람들은 악천후로 손상된 이 다리를 교체하기 위해 일합니다. 그들은 케스와차카 다리가 처음 지어진 그 시대와 같은 기술을 사용해요. 정비 바로 전날까지 짚을 자르고 땋아 가는 밧줄을 만들어요. 그리고 그것들을 서로 엮어서 밧줄을 만든 후 다시 다른 밧줄을 땋아 조금씩 6개의 굵은 밧줄을 만듭니다.

마지막으로 굵은 밧줄을 거대한 바윗덩어리에 걸어서 강의 양쪽에서 새로운 케스와차카를 펼칩니다. 그 이후 잉카 신화와 풍습을 기리는 대규모 축제가 열려요. 다시 태어난 다리에 인간과 자연과의 유대가 있습니다.

# 목차

**7**
들어가며

**8** 브룬디
왕실의 북춤

**9** 러시아
올론호,
야쿠트 민족의 영웅 서사시

**10** 에스토니아
버로족의
연기 사우나 전통

**11** 방글라데시
실렛의 전통 직조 공예
시탈 파티

**12** 스페인
인간 탑 쌓기

**13** 자메이카
자메이카의 레게

**14** 코스타리카
코스타리카의 목동과
소달구지 전통

**15** 대한민국
제주도의
해녀(잠수부) 문화

**16** 보스니아 헤르체고비나
오즈렌 산의
이바 채집

**17** 멕시코
원주민 축제,
죽은 사람들의 날

**18** 카차흐스탄, 몽골
카자흐의 전통, 아식 놀이
몽골의 아식 쏘아 맞히기

**19** 에디오피아
가다 체계, 오로모족의
독자적 민주주의 사회-정치 체계

**20** 마다가스카르
자피마니리족의 목공예 지식

**21** 슬로바키아/리투아니아
백파이프 문화
십자가 공예와 그 상징성

**22** 오만
말과 낙타의 *아르다*

**23** 바누아투
바누아투의 모래 그림

**25** 네덜란드/잠비아
풍차와 수차를 이용한
제분업자의 기술
잠비아 중부주
렌제족의 무바 춤

**26** 베네수엘라/튀니지
베네수엘라 성체축일의
춤추는 악마들
세즈난 여성들의 도자기

**27** 인도네시아
인도네시아의 크리스 공예

**28** 포르투갈
파두, 포르투갈의 도시 대중가요

**29** 콰테말라
팍 의식

**30** 캄보디아, 시리아,
인도네시아, 스리랑카
스벡 톰, 크메르 그림자극
시리아의 그림자극
인도네시아의 *와양* 인형극
*루카다 나트야*,
스리랑카의 전통 줄 인형극

**32** 모로코
제마 엘프나 광장 문화 공간

## 33 베트남/말라위
공 문화 전통

*은시마*,
말라위의 전통 요리

## 34 일본
일본의 장식 수레 축제

## 35 그리스
티노스 섬의
대리석 공예

## 36 프랑스
프랑스 목가 구조의
도면 그리기 전통

## 37 아르헨티나/우루과이
전 세계적 춤, 탱고

## 38 이집트
봉술, *타흐팁*

## 39 아일랜드
헐링 경기

## 41 스위스/쿠바
바젤 카니발

쿠바 중부의
*파란다스* 축제

## 42 이탈리아
피자이올로,
나폴리 피자 요리 기술

## 43 우즈베키스탄/니제르
*아스키야*, 농담의 기술

니제르의 농담 토론,
웅변 예술

## 44 멕시코
마리아치,
현악과 노래 그리고 트럼펫 연주

## 45 튀르키예
휘파람 언어

## 46 케냐
마사이족 남성의 3단계 통과의례 :
*엔키파타, 에우노토, 오른게셰르*

## 47 파나마
*핀타*오 모자 뜨기
핀타 섬유 제작 기술과 공예

## 48 알제리
틀렘센의 결혼 예복 전통과
관련된 의례

## 49 중국
중국 주판셈,
주판을 이용한 산술 지식 및 관습

## 50 대한민국, 북한, 조지아
씨름, 한국의 전통 레슬링
*치다오바*, 조지아의 레슬링

## 51 몽골
어미 낙타 달래기 의식

## 52 사우디아라비아
*알 카트 알 아시리*, 사우디아라비아
아시르 지방 여성들의 전통적 벽 장식

## 53 중국
중국의 전통 의술인 침구술

## 54 스위스, 오스트리아
눈사태 위험 관리

## 55 벨기에
오스트되인케르케의 승마 새우잡이

## 56 인도
요가

## 57 루마니아
호레주의 도예 기술

## 58 튀르키예/페루
터키식 커피 문화와 전통

케스와차카 다리의 연례 정비와 관련된
지식 및 기술